AEM

Alle unsere Füße schwitzen

Verpasste Utopie

VERRAI-VERLAG
STUTTGART

Ich weiß auch nicht, wo die Reise hingeht,
aber der Weg ist zu schön, um auf seinen
Strecken so viel Leid zu verstecken.

Für meine Nichte.

Für meine tierischen Freunde und
knospenden Genossen.

Inhalt

Realität

Ich schreibe diese Zeilen, um dich zu motivieren, klar zu sehen, damit unsere Erde noch für mehr als 50 Jahre als Habitat überleben kann. Ziel ist es, dass du nach dem Lesen Dankbarkeit, Achtsamkeit und Zufriedenheit kultivierst und du nicht nur kulinarische Einschnitte mit einem Lächeln und frohem Gemüt hinnehmen willst, denn der Earth Overshoot Day tritt seit 1961 immer früher im Jahr ein. War er 1970 noch im Dezember, lag er im Jahr 2022 schon im Juli[1].

Wir leben sozusagen seit über einem halben Jahrhundert auf Pump, von den über 400 kg Müll[2], die heutzutage jeder Deutsche jährlich produziert, wovon nur etwa 30 % biologische Abfälle sind, ganz abgesehen.

Ich will dir durch meine Erzählungen dein Herz öffnen, ohne dass du dabei deine Augen verschließt. Dadurch werde ich nichts Neues zutage bringen können, alle meine Gedanken wurden schon tausendmal gedacht, gemalt, aufgeschrieben, gesungen, diskutiert und durch wissenschaftliche Experimente und Beobachtungen gestützt. Das einzig Neue, das ich dir anbieten kann, ist meine verrückte Assoziationskraft, denn ich leide an einer psychischen Erkrankung, die Diagnose lautet schizo-

---

1 https://www.overshootday.org/
2 https://www.destatis.de/DE/Themen/Gesellschaft-Umwelt/Umwelt/Abfallwirtschaft/_inhalt.html#251604

affektive Störung. Seit 2016 erlebe ich alle zwei Jahre einen Ausbruch dieser mentalen Erkrankung.

In Kurzfassung: Die schizoaffektive Störung ist eine komplexe Krankheit, die eine Kombination von Symptomen aufweist, die sowohl denen der Schizophrenie als auch denen affektiver Störungen ähneln – man könnte sie als eine Art Mischform betrachten. Menschen mit schizoaffektiver Störung können periodisch Symptome einer Psychose erleben wie Halluzinationen oder Wahnvorstellungen (ähnlich denen bei Schizophrenie), gepaart mit Stimmungsstörungen wie Depression oder Manie (ähnlich denen bei affektiven Störungen). Es ist von Bedeutung, zu verstehen, dass Schizophrenie nicht mit einer multiplen Persönlichkeitsstörung verwechselt werden sollte – diese sind zwei vollständig unterschiedliche Störungen.

In meinem Fall äußert sich die Krankheit in einem enormen Hochgefühl; ich fühle mich energetisch und emotional befreit. Diese Befreiung kann in beide Richtungen gehen: Ich kann übersteigert glücklich sein, aber auch sehr tiefen Schmerz empfinden. Ich erlebe Wahnvorstellungen und habe das starke Gefühl, dass höhere Pläne verfolgt werden und ich eine bedeutende Rolle bei ihrer Umsetzung spiele. Ich bezeichne diesen Wahn liebevoll als meinen Buddha-Komplex. In diesen Zuständen machte ich mir viele Gedanken über gesellschaftliche Verbesserungen und Anstöße dafür und kam letztendlich zu dem Schluss, dass es einen Täter-Opfer-Ausgleich geben müsste, bevor die Menschen gemeinsam die Erde liebevoll vor sich selbst schützen können. Ich dachte, ich wäre vom Universum dazu beauftragt worden, die Wunden der Menschheitsseele offenzulegen, damit nach gemeinsamer Einsicht und Reue Liebe als Emotion alle übermannt. Die Vorstellung war, dass dann endlich Hand in Hand gegen die wirklichen Feinde des Homo sapiens gekämpft werden kann.

Meine manischen Episoden riefen Bilder und Emotionen hervor, die in ihrer Ausführlichkeit zu schildern hier nicht der Platz ist. Sie führten jedoch dazu, dass ich mich berufen fühlte mich zu äußern, denn seit dem ersten Ausbruch meiner Krankheit werde ich das Gefühl nicht los, dass in meinen alle zwei Jahre wiederkehrenden manischen Tsunamis Gedankenanstöße für alle Menschen stecken. Rückenwind für jeden, einen Schritt vorwärts in die nach meiner Ansicht notwendige Richtung zu gehen. Weg von der heutigen Konsumgesellschaft, weg von der zwischenmenschlichen Kälte und vor allem weg von der Verunnatürlichung der Menschheit.

Ich versuche durch dieses Buch mein Erlebtes zu verarbeiten und die Bewegung ‚Informierte Freundlichkeit gegen Ignoranz und Hassstreuer:innen' zu etablieren. In diesem Zusammenhang will ich drei Emotionen hervorrufen. Die erste davon ist Dankbarkeit. Dankbarkeit für das kuriose Zusammenspiel, das unsere Existenz ermöglicht. Die zweite Emotion ist Achtsamkeit sich und anderen gegenüber. Die letzte Emotion, die sich einstellen soll, ist Zufriedenheit.

Dankbarkeit

Der Himmel glänzte in der frühen Sonne hell-
blau-gelb. Die Gipfel der dicht beieinander-
stehenden, ein- und zweitausend Meter hohen
Berge waren Schnee bedeckt. Der ruhige See spie-
gelte dieses Panorama in atemberaubender Weise
wider.

Thalea lag auf dem hölzernen Steg. Sie hatte sich
auf ihre linke Seite positioniert und ließ den rechten
Arm baumeln.

Der aus Lärchenholz gefertigte Steg war so nied-
rig gebaut, dass man, war man so wie Thalea platziert, mit den Fingerspitzen die Wasseroberfläche
berührte. Das Wasser des Sees war glasklar und,
der morgendlichen Stunde angepasst, angenehm
kühl temperiert.

Der Wind pfiff durch die Äste der Trauerweide
an dem gegenüberliegenden Ufer. Die samtenen
Weidenkätzchen wirbelten kurz chaotisch auf, wog-
ten dann sanft nach, bevor sie kurze Zeit später wieder ihre Ausgangsstellung erreichten. Der Unterhaltung zweier Elstern hinter sich lauschte Thalea
gespannt. Nicht dass sie Elsterisch verstünde, aber
es war eine Interaktion, der sie gerne beiwohnte.

Unvermittelt hörte sie das unbeholfene Kratzen
von Hundekrallen auf Holz. „Fruna", rief sie freudig.
Die stolze Hündin lief mit seitlich heraushängender

Zunge auf sie zu. Thalea richtete sich auf und begrüßte das vorwiegend schwarze Tier herzlich.

Einige Sekunden später kam der Geschichtenversteher samt seinem alten Fahrrad aus dem Wald heraus auf die Lichtung.

Der große, stämmig gebaute Mann trug grasgrüne, bequeme Shorts und ein weißes Muskelshirt. Sein großer Rucksack sah vollgepackt aus.

Es entwich ihm ein leises „Merde", als er versuchte sein Fahrrad auf dem moosigen Untergrund abzustellen. Nachdem er das Fahrrad erfolgreich ausbalanciert hatte, lief er gemütlich über den Steg. Das Holz knarzte unter seinen schweren Schritten.

Bei Thalea angekommen, ließ er den Rucksack neben die weinrote, flauschige Decke plumpsen, auf der sie saß, und nahm neben ihr Platz.

„Hast du an der Geschichte von den Sonnen und den Planeteneiern weitergearbeitet?", fragte er ohne weitere Umschweife oder Begrüßung. Die beiden arbeiteten seit geraumer Zeit daran, sich das Universum gegenseitig verständlich zu machen. Sie erhofften sich dadurch einen leichteren Zugang zu sich selbst und ihrer Umwelt. Heute war Thalea an der Reihe zu erzählen.

„Nein, noch nicht konzentriert genug." Thalea wurde nervös, ihr Kiefer verspannte sich, sie wusste nicht mehr, wie sie ihre Zähne bequem aufeinandersetzen sollte. Ihre Handinnenflächen begannen feucht zu werden, ihr Herz schlug schneller, selbst ihre Atmung flachte ab. Vor der Situation der Gedankenpreisgabe hatte sie Lampenfieber, fast schon Angst.

Sie legte ihren Arm um die neben ihr sitzende Fruna. Der Körperkontakt zu dem weichen, warmen Fell beruhigte sie schnell wieder.

„Ich weiß, wie wichtig es ist, mich zu fokussieren und alle Zusammenhänge zu verstehen und einzubringen. Aber alleine verliere ich schnell den Überblick. Entschuldige bitte!", wandte Thalea schüchtern ein.

„Das macht doch nichts! Hast du denn eine Kernaussage finden können?", fragte der Geschichtenversteher freundlich mit seiner angenehm tiefen Stimme.

„Alles interagiert", sagte Thalea so leise, dass es kaum hörbar war, und fuhr sich zögerlich mit der rechten Hand durch die Haare.

Anschließend stand sie auf, stellte sich auf ein Bein und winkelte das andere ab. Sie platzierte die freie Fußsohle auf der gegenüberliegenden Oberschenkelinnenseite. Die Angelegenheit gestaltete sich als etwas schwierig, da sie öfter ihren Stand korrigieren musste, ihr verschwitzter Fuß rutschte immer wieder ab. Der Geschichtenversteher beobachtete das Gehampel amüsiert.

Nachdem sie sich ausbalanciert hatte, hob Thalea die Arme und führte die Hände über ihrem Kopf zusammen. Sie wies jetzt eine enorme Körperspannung auf und schaffte es sogar, sich kurz auf die Zehenspitzen zu stellen. Ohne weiter darüber nachzudenken, fixierte sie einen Punkt in der Ferne und atmete durch.

„Die kleinen Calciumcarbonat Körnchen in unseren Ohren zum Beispiel interagieren mit der Schwerkraft und unseren Sinneszellen und ermöglichen uns so erst das Gleichgewicht." Thalea wackelte kurz, stabilisierte sich wieder und fuhr fort: „Da existiert also eine physikalische Kraft, ausgehend von der Erde, die wir wenig verstanden haben, und die Biologie findet Methoden, um diese auszuloten und nutzbar zu machen. Das grenzt doch an Magie!"

Thalea blähte ihre Backen einige Male auf und sagte: „An Magie, die Millionen Jahre Zeit brauchte, um sich zu entwickeln. Ist das nicht faszinierend? Ich jedenfalls bin dankbar dafür, sonst könnte ich das hier nicht machen." Sie stellte sich nochmals auf die Zehenspitzen und löste dann ihre Haltung auf.

Thalea hatte wieder beide Beine auf dem Boden, wirkte aber auf einmal zerstreut, so als hätte sie einen Gedankengang, der ihr missfiel. Kopfschüttelnd murmelte sie fahrig: „Und wir, wir gefährden diese ganze trickreiche Anpassung, die ganze schöne Evolution und Vielfalt. Das darf nicht weiter voranschreiten." Ein Ausdruck von Verzweiflung hatte sich auf ihr Gesicht gelegt.

Bevor der Geschichtenversteher eingreifen konnte, durchfuhr Thalea so etwas wie ein Ruck. Ihre kurzzeitig leeren Augen gewannen wieder an Glanz. Thalea kratzte sich an der Nase – alles schien sich normalisiert zu haben. Sie wirkte gesammelt und aufgeräumt.

Danach strich sie ihr dunkelviolettes Stoffkleid sorgfältig glatt, kraulte Fruna den Kopf und sagte mit durch die Helligkeit bedingt zugekniffenen Augen: „Komm, lass uns aus der Sonne gehen, ich will unter den großen Eichenbaum in den Schatten. Da kann ich mich besser konzentrieren, ok?"

Der Geschichtenversteher nickte kurz, stand wortlos mit knackenden Knien auf und sammelte drei der fünf buntgemusterten Kissen ein, die auf der Decke verstreut lagen. Er war froh über ihren Vorschlag, denn die Sonne war bereits jetzt schon stark und für das Verstehen war ein kühler Kopf wichtig, besonders weil er darauf vorbereitet sein musste, dass seine Erzählerin, wie eben, zeitweise gedanklich weit abdriften konnte.

Der Geschichtenversteher wollte wie immer eine katalysierende Wirkung auf Thaleas Gedanken nehmen. Er wollte ihr dabei helfen, ihre Emotionen zu sortieren, um so ihre Ideen finalisieren zu können. Ihr diese dann zu entlocken, war der letzte Akt ihres Zusammenspiels. Der Geschichtenversteher wusste nur zu gut, wie heikel alleine dieser letzte Schritt sein konnte. Das gesamte Unterfangen forderte besonderes und stetiges Feingefühl.

Thalea band ihre langen, durch einige graue Strähnen unterbrochenen hellbraunen Haare mit einem blau gebatikten Haargummi zusammen, nahm die zwei verbleibenden Kissen in die Hand, faltete die Decke, so gut es ging, mit der freien Hand zusammen und setzte sich den Rucksack auf. „Der ist aber schwer heute", stutzte sie.

Der Geschichtenversteher schmunzelte, er sollte auf alle ihre Bedürfnisse vorbereitet sein.

So bepackt liefen die drei den Steg hinunter, Fruna vorneweg. Am Ende des Stegs wendeten sie sich nach rechts und schlenderten 50 Meter am Uferrand entlang, bis sie einen imposanten Eichenbaum erreichten.

Thalea ließ Kissen und Decke fallen, lehnte den Rucksack an den Stamm des Baumes und umarmte ihren hölzernen Freund kurz. Danach breiteten sie die Decke im Schatten der Krone aus und verteilten die Kissen darauf.

Fruna ging direkt ihrer jahreszeitlich bedingten Lieblingsbeschäftigung nach, den Kaulquappen im seichten Wasser beim Schwimmen zuzusehen und manchmal den Versuch zu unternehmen, eine von ihnen zu schnappen.

Der Geschichtenversteher streckte sich genüsslich. Als er damit fertig war, nahm er eines der Kissen in die Hand, bauschte es auf, legte sich auf den Rücken und bettete seinen Nacken und Hinterkopf in dieses.

Thalea machte es sich im Schneidersitz bequem. Die Handaußenseiten legte sie locker auf ihre Knie, Daumen und Zeigefinger berührten sich leicht, ihr Rücken war gerade. Sie war gelöst und hatte Lust, Informationen abzugeben, aufzunehmen und zu verarbeiten.

Der Geschichtenversteher legte seine Hände locker verschränkt auf seinen Bauch und fragte: „Wer interagiert noch alles und warum?"

„Die Sonnen zum Beispiel, in all ihren Stadien und Größen tauschen in meiner Vorstellung untereinander Informationen aus. Sie berichten unter anderem über den Erfolg und Untergang des Lebens auf den Planeteneiern, die sie erst so achtsam mit ihrer Gravitation formen und dann mit elektromagnetischer Strahlung bebrüten."

„Sonnen sind also besonnene Wesen?", warf der Geschichtenversteher ein. Beide lachten kurz herzlich über den flachen Wortwitz, der Thaleas Erzählung unterbrach.

„Ja, Sonnen tauschen sich aus und Planeteneier geben Feedback", erwiderte Thalea einige Sekunden später völlig ruhig und trocken, nachdem sie sich einige Lachtränchen aus den Augenwinkeln gewischt hatte. Ihr war es sehr ernst um das Voranschreiten der Geschichte. Der Geschichtenversteher wusste darum.

„Über welche Wege wird Information weitergetragen?", fragte er, nachdem er sich auf die Seite gerollt hatte und seinen Kopf auf seiner Hand abstützte.

„Wahrscheinlich über Medien, die wir schon kennen. Magnetismus, Reflexion, Masseänderung, Temperatur oder Rotation zum Beispiel. Ich weiß, echte Interaktion und Kommunikation ohne Neuronen kann man sich als Mensch nur schwer vorstellen. Aber ich spüre, da ist mehr; es gibt sowohl

Gesprächspartner und Wege als auch Gründe der Verständigung, die wir uns Menschen noch nicht begreiflich machen können."

Thalea beendete ihre Antwort und öffnete ihre Augen, die sie beim Einnehmen der Schneider-sitz-Position geschlossen hatte. Sie schaute fragend, mit hochgezogener Augenbraue und jetzt eingesunkenen Schultern, auf ihre Hände, die sich gegenseitig in ihrem Schoß massierten.

„Du redest nicht mehr nur über die Kommunikation zwischen Sonnen, oder?", wollte der Geschichtenversteher wissen. Thalea schüttelte langsam den Kopf und schaute verlegen nach oben.

Der Geschichtenversteher war zufrieden mit dem bisherigen Output seiner Gesprächspartnerin und machte ihr das, nachdem sie Augenkontakt aufgenommen hatten, auch durch ein freundliches Grinsen und Kopfnicken deutlich. Thaleas Gesichtszüge entspannten sich, ihre Mundwinkel kräuselten sich zu einem flüchtigen Lächeln. Sie löste sich aus dem Schneidersitz und machte es sich, wie der Geschichtenversteher zuvor auch, auf dem Rücken bequem, den Kopf auf ein Kissen gebettet, die Beine ausgestreckt und übereinandergeschlagen.

Thalea schaute nach oben und biss sich verzückt auf die Zungenspitze, als sie das hypnotische Spiel aus Schatten, Licht und dunkelgrünen Eichenblättern entdeckte, das sich ihr in der Baumkrone bot.

Der stämmige Mann stand auf und ging zum Rucksack. Nach längerem Kramen zauberte er zwei große, weiße Tassen hervor, auf denen jeweils in schwarzer, krakeliger Handschrift „Big Break" stand. Die mit Kaffee gefüllte Thermoskanne war leichter zugänglich an der Seite verstaut.

„Schwarz, wie immer?", fragte der Geschichtenversteher, Thalea antwortete nicht, sie war zu sehr von dem Lichtspiel in den Bann gezogen.

Er schmunzelte. So entspannt hatte er sie selten erlebt. Er wusste, dass sie ihren Kaffee schwarz trank und schenkte ihr bis zum Rand ein, sich selbst gönnte er einen Irish Coffee mit einem kräftigen Schuss Whiskey aus seinem metallischen Flachmann. Er lief vorsichtig mit den vollen Tassen über die Decke und versperrte, bei Thalea angekommen, ihr Sichtfeld mit seinem über beide Backen grinsenden, Gesicht. „Kaffee", trällerte er fröhlich.

Thalea machte große Augen und ließ ein „Mhhh, lecker" verlauten, als der Geruch des dampfenden Getränks zu ihr drang. Sie zog ihre Knie an den Brustkorb und schaukelte als kleines Päckchen einige Male vom Nacken bis zum Steiß, bis sie den Schwung nutzte, um vorne zum Sitzen zukommen. Thalea nahm ihre Tasse entgegen und blickte über die ruhige Wasseroberfläche des Sees. Die Frösche am Uferrand veranstalteten ein lautstarkes Konzert.

Thalea nahm einen Schluck Kaffee und verschluckte sich leicht. Der Geschichtenversteher bot ihr an, ihr zwischen die Schultern zu klopfen, sie lehnte dankend ab. Nachdem sich ihr Husten gelegt hatte, räusperte sie sich und wollte gerade zu sprechen ansetzen, als sie einen männlichen Nashornkäfer auf dem Waldboden neben sich entdeckte. Sie beobachtete ihn fasziniert bei seinem unbeholfenen Unterfangen, ein Stöckchen zu überwinden. Ihr vorheriger Gedanke war verflogen.

„Wusstest du, dass für unseren Ressourcenhunger Zehntausende einzigartige Tierarten jedes Jahr weichen müssen[3]? Für unsere Ernährung und dafür, dass wir von der Hose bis hin zur Trinkflasche alles in jeder auch nur erdenklichen Designform und Farben erhältlich haben? Und für unsere zukünftigen Generationen bleibt auch noch weniger übrig. Nur verarbeitete Rohstoffe, davon hinterlassen wir ihnen viele. Ich finde das so ungerecht." Thalea nahm einen weiteren Schluck Kaffee und ballte ihre freie Hand zur Faust. Ihr Sichtfeld verschwamm leicht. Ihr waren Tränen in die Augen gestiegen. Sie schaute in das Gesicht ihres Gesprächspartners, der sich ihr gegenüber hingesetzt hatte. Er nickte verständnisvoll, unterbrach sie aber nicht.

Thalea löste die Spannung, die sie in ihrer linken Faust aufgebaut hatte und fragte mit einem schiefen Lächeln und leicht brüchiger Stimme: „Hast du etwas zum Frühstücken mitgebracht?" Der Nashornkäfer bahnte sich langsam seinen Weg in den Wald hinein.

---

3 https://www.spiegel.de/wissenschaft/natur/
   artensterben-jaehrlich-verschwinden-58-000-
   tierarten-a-982906.html

Der Geschichtenversteher holte einen frischen, noch ofenwarmen Hefezopf aus dem Rucksack. Beide rissen sich ein Stück ab. Thalea aß es so, der Geschichtenversteher riss das Stück nochmals in kleinere Portionen und tunkte diese in seinen Kaffee. Während sie aßen, schwiegen sie. Beide genossen, von dem Gequake abgesehen, die Stille des Tals und den süßlichen Geschmack des Gebäcks.

„Und Wissen, davon hinterlassen wir unseren zukünftigen Generationen auch viel, vergiss das nicht!", knüpfte der Geschichtenversteher an. Er wollte sie gerne aufmuntern, wusste um ihre teilweise sehr ausgeprägte Schwarzseherei. Thalea nahm sich noch ein Stück vom Hefezopf, biss hinein und fragte noch während des Kauens, was denn aber das ganze Wissen ohne Bildung noch wert wäre?

Der Geschichtenversteher seufzte traurig. „Sie musste immer ein schwarzes Korn finden", dachte er. Thalea schaute ihn erschrocken an, es war nicht ihre Intention gewesen, ihn zu betrüben. Sie wollte zurückrudern und sagte: „Ich weiß ja und bin auch froh, indischen Mathematikern sei Dank, dass wir nicht bei null anfangen müssen, aber du musst auch eingestehen, dass wir noch fundamentale Wissenslücken sogar darüber haben, wie Masse erzeugt wird oder agiert und – >Higgs<." Thalea hatte Schluckauf. Sie hasste Schluckauf, deswegen zog sie schnell viel Luft ein und hielt diese dann an, um dem entgegenzuwirken.

„Wieso kommst du heute gerade auf die Schwer-

kraft? Sonst bringst du als Beispiel für Wissenslücken immer die Notwendigkeit des Schlafens
ein", sagte der Geschichtenversteher verwundert.
Thalea signalisierte ihm, dass sie noch kurz die Luft
anhalten wolle, um den Schluckauf loszuwerden.
Sie atmete langsam und lange aus und sagte: „Der
Gedanke an die Schwerkraft hat mich gerade wieder
beruhigt, mich auf den Boden zurückgeholt." Sie
schauten sich kurz an, Thalea zwinkerte dem Geschichtenversteher zu und beide kicherten los. Thalea hatte bei den flachen Wortspielen aufgeholt und
ihren Geschichtenversteher wieder aufgemuntert.

Anschließend griffen die beiden ihre Unterhaltung
über die Sonnen und Planeteneier wieder auf und
diskutierten eine knappe Stunde angeregt darüber,
wer innerhalb des Universums wie senden und
empfangen könnte und welche Rolle die Biologie
in diesem physik- und chemielastigen Stück ein-
nimmt. Die Situation war passend für Thalea, um
ihrem Gegenüber ihren inneren Glauben, den sie
sich in der vorherigen Vollmondnacht gewissenhaft
erarbeitet hatte, vorzustellen.

Wie jedes Mal vor der Gedankenpreisgabe
stieg auch diesmal das beklemmende Gefühl des
Lampenfiebers in ihr hoch. Sie fing an nervös auf
der Decke hin und her zu rutschen, zog ihre Beine
an, umfasste sie mit ihren Armen und stützte das
Kinn auf die Knie. Nein, auch diese Haltung empfand sie nach kurzer Zeit als unbequem. Thalea
streckte die Beine locker aus, verschränkte die Arme

und trommelte auf ihrem Oberarm mit den Fingern einen unruhigen Rhythmus.

Es war offensichtlich, dass sie nicht wusste, wie sie ihre Gedanken formulieren sollte. Der Geschichtenversteher ermutigte sie und bat darum, einfach loszulegen. „Du hast etwas auf dem Herzen, oder? Nur keine falsche Scheu", forderte er sie mit einer einladenden Handbewegung auf.

Thalea setzte sich in den Fersensitz, legte ihre Hände auf die Oberschenkel, atmete einmal tief durch und sagte erst leise, dann immer hörbarer und mit fester werdender Stimme: „Ich weiß nicht, wo ich anfangen soll, dir meinen Gedankengang zu erklären, deswegen beginne ich mit dem Schluss: Ich würde gerne aus dem ganzen Wirrwarr Leben glücklich und zufrieden rausgehen. Während ich darüber nachdachte, wie ich das erreichen könnte, nahm ich Dankbarkeit als eine zielführende und heilsame Emotion wahr." Thalea pausierte kurz. „Ich will das Gefühl in mir gerne verstärken, es besser adressieren können. Deshalb überlegte ich, für was ich überhaupt dankbar bin, und einigte mich mit mir auf meine Existenz im Generellen. Im nächsten Schritt konnte ich für mich sieben Instanzen identifizieren, deren Vorhandensein das meinige ermöglicht und für die ich deshalb dankbar bin." Thalea griff in ihre seitliche Kleidtasche und holte ein leicht abgewetztes Stück Papier hervor. Sie entfaltete den Zettel und überreichte ihn dem Geschichtenversteher. Dieser las das Geschriebene dreimal leise durch und wiederholte es beim vierten Mal laut:

„Sonnen –	*Ihr seid alles, was ich bin.*
Erde –	*Du bist alles, was mich hält.*
Mond –	*Du bist meine Balance und mein letzter Stützpunkt.*
Tod –	*Du bist die eine Antwort, die ich sicher kenne und der Beginn von vielem.*
Zufall –	*Du bist die unberechenbare Konstante.*
Zeit&Raum –	*Ihr seid mein Takt und meine Bühne."*

„Und diese Instanzen interagieren und tauschen sich aus?", wollte der Geschichtenversteher wissen.

„Ja", antwortete Thalea bestimmt, zuckte dann aber doch etwas ratlos die Schultern. Gestern Nacht, im Schein des vom Mond reflektierten Sonnenlichts, wollte sie ihre Dankbarkeit für ihre Existenz adressieren. Das war ihr wichtig gewesen. Das genaue Zusammenspiel der Instanzen, das wusste sie, überstieg ihren Horizont auf eine wohlige Weise bei Weitem.

„Wann ist der Tod der Beginn von vielem?", fragte der Geschichtenversteher. „Erst Supernovas massereicher Sonnen gaben schwere Elemente in das Universum ab", antwortete Thalea. Ihre Dankbarkeit an den Tod zu adressieren, hatte sie als eine Hürde empfunden. Aber sie war sich sicher, dass auch er eine für ihre Existenz notwendige Instanz war und nicht nur Verlust bedeutete.

„Was meinst du damit, wenn du vom Mond als

deinem letzten Stützpunkt sprichst?", wollte der Geschichtenversteher wissen.

„Ich will dich mit meinen Gedanken nicht schockieren", sagte sie verhalten. „Ich erkläre es dir später, wenn ich mir eine weniger misanthropische Antwort parat gelegt habe."

Zum Abschluss der Unterhaltung klatschte der Geschichtenversteher zufrieden in die Hände und schlug dann einen Spaziergang vor, um sich die Beine zu vertreten und den Kopf frei zu bekommen. Thalea war angetan von dem Vorschlag und so machten sich die drei auf den Weg rund um den See.

Thalea war wie immer barfuß, der Geschichtenversteher zog sich schnell noch seine quietschblauen Turnschuhe an, die er bei der Ankunft an der Eiche ausgezogen hatte. Decke, Kissen und Rucksack ließen sie unter dem Baum liegen.

„Wir sind heute mit der Geschichte über die Sonnen und ihre Planeteneier schon ein gutes Stück vorangekommen, finde ich. Wir haben einige neue Charaktere dazubekommen", sagte der Geschichtenversteher, nachdem sie fünf Meter gelaufen waren. Er wollte Thalea gerade den Zettel wieder zurückgeben, als diese abrupt stehen blieb, um sich an einem blühenden Baldrian zu erfreuen. Sie tastete sich vorsichtig an die Pflanze heran, beugte sich zu ihr herunter und zog ihren stark süßlichen Geruch tief durch die Nasenlöcher ein. Durch den Duft etwas benebelt, taumelte sie leicht die zwei

Schritte durch die grünbraune Uferlandschaft zurück auf den Pfad. Sie hatte einen zufriedenen Gesichtsausdruck.

Der Geschichtenversteher hielt ihr den Zettel hin, sie nahm ihn entgegen, las ihn im Stillen nochmals durch und verstaute ihn danach wieder, sorgfältig gefaltet, in ihrer Kleidtasche.

Die drei führten, von einigen weiteren Riechpausen Thaleas unterbrochen, ihren Spaziergang rund um den See fort. Zwischen der Sumpfdotterblume und der Krebsschere blühte auch noch der Fieberklee.

„Hast du eine Idee, wie wir den Menschen die Instanzen näherbringen können?", fragte der Geschichtenversteher während des Gehens.

„Da hast du was falsch verstanden. Zum Ersten sind es meine Instanzen, ich würde nicht so weit gehen, sie vollständig oder allgemeingültig zu nennen. Zum Zweiten ist es mein Ziel, den Instanzen die Menschen wieder näherzubringen und den Menschen Handlungsstrategien aufzuzeigen", erwiderte Thalea.

„Und eine Handlungsstrategie stellt Dankbarkeit dar?", wollte der Geschichtenversteher wissen.

„Ja, genau", antwortete sie.

„Was gewinnt man dadurch?", erkundigte er sich.

„Man wird achtsam, weil man schützen will, für was man dankbar ist. Jedenfalls ist das für mich der Fall. Ich habe gestern Nacht während des Auflistens der Instanzen zusätzlich eine tiefe Zufriedenheit erfahren, weil ich mich als Empfänger einen Moment lang zwischen ihnen positionieren durfte", führte Thalea aus.

„Hört sich erstrebenswert an, wir brauchen achtsamere, zum Handeln bereite Menschen." Der Geschichtenversteher kratzte sich nachdenklich am Kinn. „Bist du denn jetzt zufrieden?", fragte er im Anschluss.

„Zufriedener ja, aber da kann man noch eine gute Schippe drauflegen. Das ist vor allem den äußeren Umständen geschuldet." Thalea stoppte und dachte kurz darüber nach, wie hinderlich es war, wenn man mit seinem Zufriedenheitslevel unzufrieden war.

„Hast du eine Handlungsstrategie für die Entschärfung der äußeren Umstände?", fragte der Geschichtenversteher.

„Alle Kreisläufe, auch die der Abfallstoffe, schnellstmöglich identifizieren und wiederherstellen oder verhindern und das, während die Menschen nicht aufhören, teils sehr kopflos weiter zu produzieren, zu konsumieren und zu verunreinigen. He, ist doch easy!" Thalea lachte laut auf, schlug sich sogleich aber erschrocken über ihre eigene Gehässigkeit die Hand vor den Mund, als sie an die schon bestehende Verzweiflung der in Wissenschaft und Politik tätigen Menschen denken musste, die genau das gerade versuchten.

Der Geschichtenversteher glaubte trotz all der Wendungen und Berichte weiterhin fest an das Vernünftige, Rücksichtvolle im Menschen und wollte diese Attribute gerne gewinnen sehen. „Nein, nicht nur wollen. Wir müssen sie gewinnen sehen. Das ist existenziell." Der Gedanke zuckte ihm schmerzhaft durch Mark und Bein. Thalea beim Denken zu unterstützen, würde ihm helfen, seinen Zielen ein gutes Stück näher zu kommen – auch daran glaubte er fest.

„Meinst du, wir waren schon zu invasiv?", hakte er nach.

„Ich weiß es nicht, aber mir wurde zugetragen, dass es ein knappes Rennen mit uns und den Roh- und Abfallstoffen ist. Mikroplastik zum Beispiel ist bereits im menschlichen Kot, sogar schon in dem von Neugeborenen[4], und in unserem Blut[5] angelangt. Wenn wir jetzt nicht handeln, Einschnitte hinnehmen und aktiv werden, war es das, glaube ich", antwortete Thalea.

Die Erde hatte sich unmerklich mit rasantem Tempo gedreht, der Sonnenstand hatte sich verändert. Es war Zeit für ein spätes Mittagessen und sie waren erst drei Viertel der Strecke vorangekommen. Die beiden einigten sich darauf, zügiger weiterzugehen, da sie doch schon etwas hungrig waren. Fruna allerdings war durch gute und noch besser werdende Stöcke abgelenkt. Nachdem sie ein besonders prächtiges Exemplar auserkoren hatte, nahm sie es unbeholfen mit den Vorderzähnen auf, holte mit

---

4 https://pubmed.ncbi.nlm.nih.gov/31476765/

5 https://www.sciencedirect.com/science/article/pii/
   S0160412022001258

dem Nacken Schwung und fasste dann kräftig mit den Backenzähnen nach.

Thalea nutzte die Chance, ausgelassen mit der Hündin und dem Stock zu spielen, teils auch um ihn zu kämpfen. So ins Spiel vertieft, verging ihr das letzte Viertel des Weges wie im Flug. An der Trauerweide angekommen, wurde trotz Hungers kurz haltgemacht und Thalea lief mit nach oben ausgestreckten Händen bedächtig unter ihr hindurch. Die weiche Haptik der Weidenkätzchen machte ihr Herz froh. Der Stock wurde danach noch dreimal geworfen und zweimal zurückgebracht, dann erreichten sie wieder ihren Platz an der Eiche.

Dort angekommen aßen sie frischen Feldsalat mit Cherrytomaten, gebratenem Halloumi-Käse und Pinienkernen, dazu Knoblauch-Naan. Fruna hatte mittlerweile nahe dem Ufer ein tiefes Loch gebuddelt und sich zufrieden hineineingelegt. Sie zerkaute genüsslich ihren Stock. Thalea wandte ein, dass sie die Hündin noch füttern müssten. Der Geschichtenversteher war auch darauf vorbereitet und holte zuerst einen Napf und dann eine leicht beschlagene Tupperware aus dem Rucksack hervor.

Thalea war froh über seine Umsicht und rief nach der Hündin. Diese spitzte erst ihre Ohren, erhob sich dann aus ihrem Erdloch und trabte anschließend gehorsam zu ihrer Futtergeberin. Es gab Reis mit gekochtem Hühnchen und gedämpften Brokkoli, Fruna stürzte sich förmlich darauf. Es dauerte nur knappe zwei Minuten, bis der Napf leer war.

Nach der Nahrungsaufnahme legten der Geschichtenversteher und Fruna eine kurze Siesta ein. Thalea blätterte währenddessen in einer wissenschaftlichen Zeitschrift, die ihr der Geschichtenversteher in weiser Voraussicht mitgebracht hatte. Hier wurden aktuelle Errungenschaften und Erkenntnisse aus dem breiten Spektrum der Wissenschaften präsentiert.

Der dritte Artikel erregte ihre Aufmerksamkeit, er handelte von der Zusammensetzung des menschlichen Genoms. Es wurde deutlich gemacht, dass dieses aus 8 % integrierten viralen Sequenzen[6] besteht und nur 1,2 % des Erbgutes tatsächlich für Proteine kodieren. Der Rest der DNA wurde als nicht-kodierend, aber als Struktur und regulatorisch relevant bezeichnet.[7] „Faszinierend. Sind wir genetisch gesehen mehr Virus als Mensch? Das will ich mir zu gegebener Zeit näher erklären lassen. Der Geschichtenversteher hat bestimmt die Recherche-Maschine eingepackt", dachte Thalea und blätterte weiter.

Der darauf folgende Artikel handelte von dem Mikrobiom des Menschen und schilderte, dass Menschen etwas mehr Mikroorganismen als menschliche Zellen beherbergen. Das Verhältnis, so der Artikel, liege bei 1,3:1[8]. „Jetzt verstehe ich die

---

6 https://www.science.org/content/article/viral-fossils-our-dna-may-help-us-fight-infection

7 https://www.ncbi.nlm.nih.gov/pmc/articles/PMC3826495/

8 https://journals.plos.org/plosbiology/article?id=10.1371/journal.pbio.1002533

Überheblichkeit der Menschen noch viel weniger", dachte Thalea und legte die Zeitschrift weg. „Was sind wir schon? Unter anderem anscheinend ein Konglomerat aus Virus-DNA und Bakterienzellen. Oder sind wir doch einfach nur Sternenstaub? Wenn, dann doch eher Sternenmatsch, weil auch das Wasser teils extraterrestrisch eingetragen wurde." Sie grübelte im Stillen und wartete drauf, dass ihr Gesprächspartner aufwachte, damit sie ihre Erkenntnisse mit ihm diskutieren konnte. Aber der Geschichtenversteher drehte sich gerade erst tief schlummernd von der linken auf die rechte Seite. Deswegen beschloss Thalea in der Zwischenzeit schwimmen zu gehen. Das Wasser hatte frische 22 Grad Celsius. Sie ging nackt hinein.

Als sie nach einer Dreiviertelstunde Schwimmen wieder bei der Einstiegsstelle ankam, wartete der Geschichtenversteher bereits mit einem frischen Handtuch in den Händen am Ufer auf sie.

„Hast du den Artikel über die Sonnenkorona gelesen?", fragte der Geschichtenversteher, als er ihr das Handtuch reichte. Thalea trocknete sich ab und zog ihr Kleid wieder an, ihre noch feuchten Haare wickelte sie sich mit dem Handtuch als Turban nach oben.

„Nein, ich bin nicht weitergekommen als bis zum vierten Artikel und brauchte dann erst mal eine Pause, um das Gelesene zu verarbeiten. Was genau ist das noch mal, eine Sonnenkorona?", äußerte sich Thalea.

„Die Oberfläche der Sonne ist 6000 Grad Celsius

heiß, die Sonnen-Atmosphäre, auch Korona genannt, hat allerdings rund eine Million Grad[9]. Die Wissenschaftler sind sich noch nicht einig darüber, wie die immense Hitze der Korona zustande kommen kann, wenn die Oberfläche der Sonne so viel kälter ist", erklärte der Geschichtenversteher.

„Spannend, dass etwas so Alltägliches wie die Sonne noch solch große Geheimnisse birgt", sagte Thalea mit einem breiten Grinsen.

„Ich dachte mir, dass dir diese Information gefallen wird", antwortete er und fügte hinzu: „Hast du auch etwas Interessantes in der Zeitschrift finden können?" Thalea berichtete über die integrierte Virus-DNA und das Verhältnis von Bakterienzellen zu menschlichen. Auch der Geschichtenversteher war über diese Informationen verblüfft. Er holte ein handliches blaugraues Gerät mit Tastatur und Display aus dem Rucksack hervor – die Recherche-Maschine.

Durch gezielte Sucheingaben fanden sie unter anderem heraus, dass ein durch integrierte Virus-DNA kodiertes Protein maßgeblich für die Einnistung des Embryos in die Plazenta verantwortlich ist[10]. Über das Mikrobiom konnten sie auch einiges in Erfahrung bringen. Sie ließen sich von der Maschine berichten, welche Mikroorganismen sich wo in unserem Körper angesiedelt haben, und es wurde

---

9 https://www.nasa.gov/feature/goddard/2018/nasa-s-parker-solar-probe-and-the-curious-case-of-the-hot-corona.

10 https://pubmed.ncbi.nlm.nih.gov/10693809/

klar, dass diese wesentliche Aufgaben erfüllen, wie zum Beispiel bei der Verwertung von Nahrungsbestandteilen im Darm zu helfen[11] und von dort aus sogar Einfluss auf unsere Psyche nehmen[12].

Danach waren beide übersättigt mit Informationen und beschlossen, etwas weniger Anspruchsvolles zu machen, um diese sacken zu lassen. Der Geschichtenversteher holte einen Würfelbecher mit fünf Würfeln und einen Kniffel-Block mit Stift aus dem Rucksack.

Eine Stunde später hatte sich bereits der rotorange Schein der Abendröte auf die Landschaft niedergelegt, die Nacht würde bald hereinbrechen. Der Geschichtenversteher hatte alle drei Spiele, wenn auch knapp, gewonnen.

Es war heute Abend angenehm warm und keine Wolke am Himmel. Beste Bedingungen dafür, draußen zu schlafen. Thalea baute sich aus den zur Verfügung stehenden Kissen ein Bett am Fuß der Eiche, legte sich hin und kuschelte sich in die weinrote, flauschige Decke. Fruna kam sogleich zu ihr und schnuffelte an ihrem Gesicht herum, ihre Nasen berührten sich. Thalea kicherte los und richtete sich wieder etwas auf, um die Hündin ausgiebig am Kopf zu kraulen. Der Geschichtenversteher packte zu-

---

11 https://www.gesundheitsforschung-bmbf.de/de/kleine-helfer-auf-umwegen-darmbakterien-haben-ungeahnte-fahigkeiten-2834.php

12 https://www.ncbi.nlm.nih.gov/pmc/articles/PMC6999848/

sammen, setzte sich den Rucksack auf und rief nach Fruna, die prompt gehorchte. Er verabschiedete sich bei Thalea mit den Worten: „Schlaf gut! Bis bald. Mal schauen, wann sich die Dankbarkeit und die Bereitschaft, sich zu ändern, durchsetzen werden. Wir haben heute einige Argumente für den Anstoß sammeln können, wie ich finde."

Thalea winkte zum Abschied.

Kurz danach war die Nacht hereingebrochen, Thalea hörte sich zum Einschlafen prasselnde Regengeräusche an, abgespielt von einem MP3-Player, den der Geschichtenversteher für sie mitgebracht und bespielt hatte. Durch ein kleines Loch im Blätterdach konnte sie weit entfernte Sonnen am Nachthimmel bestaunen, bis sie noch während der ersten zehn Minuten nach dem Hinlegen in einen tiefen Schlaf verfiel. Bunte Träume bahnten sich ihre Wege von ihrem Unterbewusstsein bis hin in ihr Bewusstsein.

Achtsamkeit

Thalea öffnete die Augen. Sie hatte das Gefühl, schnell durch die Luft zu gleiten. Unter sich nahm sie Wasser war. Aus den Schatten, der sich über die Wasseroberfläche schob, ließ sich eindeutig entnehmen, dass sie ein Vogel war. Ein sehr großer sogar. Thalea verringerte ihre Flughöhe, ihre gekrümmten Zehen streiften und berührten das Wasser leicht. Ein Gefühl nie gekannter Freiheit durchströmte sie. Ein, zwei, drei Flügelschläge später war sie so weit in die Höhe geglitten, dass sie erkennen konnte, dass es sich bei dem Wasser um einen gigantischen Fluss handelte, der in geschlungenen Bahnen, still und ruhig dahinfloss. Thalea stockte der Atem, der Fluss war gesäumt von einem sich zu allen Seiten ausdehnenden Meer an Bäumen. So weit ihre Vogelaugen sie auch blicken ließen, sah sie nur Grün. Dann plötzlich eine Bewegung, ein leises Geräusch im Blätterdach unter ihr. Ohne darauf Einfluss nehmen zu können, setzte Thalea zum Sturzflug an. Alles lief automatisch ab. Eine perfektes Zusammenspiel der Reizweiterleitung. Die Wucht ihres Angriffs paralysierte Thalea, ein kräftiges Zugreifen mit ihren Fängen trennte den Kopf des Beutetiers fast vollständig vom Körper ab. Das Faultier in ihren Krallen war tot. Thalea steuerte ihr Nest hoch oben in den Bäumen an. Dort verschlang sie als Harpyie das üppige körperwarme Mahl.

Die Szenerie verschwamm, ein fader, an Blut erinnernder Geschmack blieb ihr im Mund haften. Thalea war überrascht, so intensiv hatte sie lange nicht mehr geträumt. Der Regenwald war verschwunden, es war dunkel um sie herum geworden. Sie fiel entspannt durch die Schwärze, wurde sanft abgebremst und schwebte kurz. Dann landete Thalea sicher mit den Füßen, ohne Gleichgewichtsprobleme zu haben, auf dem Boden. Sie fand sich in einer hölzernen Berghütte wieder. Ihr kam der Ort schrecklich und fast schon auf ungute Weise, vertraut vor. „Bin ich hier schon einmal gewesen?", fragte sie sich. Die Hütte war voll ausgestattet; zwei Sessel, eine Couch, ein Tisch, vier Stühle, ein unsortiertes Bücherregal. Ein gekachelter Kamin stand in der Ecke. Blickte man aus dem Fenster, konnte man eine sattgrüne Almlandschaft bestaunen.

Thalea schaute sich weiter um, auf dem Tisch stand eine Schreibmaschine, daneben lagen ein Locher und ein schwarzer Ringordner. Thalea trat näher und nahm den Ordner in die Hand. Auf dem Deckel stand in Kapitälchen: DAS KONSTRUKT.

Die zwei Wörter waren in einem Regenbogenfarbverlauf gehalten. Sie klappte den Ordner in gespannter Erwartung auf und blickte auf das Deckblatt. Dort stand handschriftlich vermerkt: „Bedächtig an Marmor kratzen und dabei auf Granit stoßen. Bleib dran!" Thalea stutzte leicht. Die Handschrift ähnelte der ihrigen sehr.

Thalea blätterte um und stellte fest, dass die nächste Seite teilweise leicht gewellt war. Schaute man sich das Muster genau an, konnte man rückschließen, dass hier einige Tränen das Papier vor einer gewissen Zeit getränkt hatten. Die Überschrift der ersten Seite lautete ‚Anstoß'. „Moment", dachte Thalea, „Anstoß wozu?" Bevor sie weiterlas, blätterte sie etwas ungestüm im Ordner herum und überflog einige der Seiten. Es schien sich um den Versuch zu handeln, ein alternatives wirtschaftliches sowie gesellschaftliches System vorzustellen. Nach den auf der ersten Seite vergossenen Tränen zu urteilen, war der Punkt ‚Anstoß' ein nicht leicht zu bewältigender Brocken gewesen. Thalea begann nun das Getippte ordentlich von vorne nach hinten durchzulesen:

Kapitel 1

Anstoß

- Der lebensbedrohliche Klimawandel muss, ohne die Wirtschaft zu berücksichtigen, gestoppt und das invasive Eingreifen muss rückgängig gemacht werden. Einfach deshalb, weil uns sonst die Lebensgrundlage sehr bald fehlen wird.

- Ein Wirtschaftssystem, das die folgende Vermögensverteilung hervorrufen konnte, muss umgewandelt werden:

  ➢ 1,1 % der reichsten Menschen besitzen 45,8 % des Vermögens. 52,5 % der Ärmeren müssen sich 1,2 % des Menschheitsvermögens teilen.[13]

- Ein neues, auf gleicher Verteilung basiertes Wirtschaftssystem mit dem Motto: „Keinem nichts, jedem alles" etabliert sich.

- WICHTIGE ANMERKUNG: Ohne Umsetzung folgender Punkte kann die neue Gesellschaft nicht starten.

  ➢ Frühere ethnische, religiöse, geschlechtsbezogene oder sexuelle Unterdrückungen

---

13 https://de.statista.com/statistik/daten/studie/384680/umfrage/verteilung-des-reichtums-auf-der-welt/

müssen durch das gemeinsame Ziel überwunden werden.

➢ Durch eine flächendeckende gewaltfreie Kindererziehung und ein alle Grundbedürfnisse stillendes System ist Kriminalität obsolet.

(Thalea bemerkte, dass das Wort „naiv" neben diesem Absatz stand. Es war sogar nochmals umkringelt. Sie verdaute langsam die Reichweite der Wörter im Hintergrund. Was passierte ohne die Umsetzung der oben genannten Punkte? Wurde hier eine Tür wieder geschlossen, die sich gerade erst einen Spalt geöffnet hatte? Sie wollte gerne weiterlesen und akzeptierte deshalb die als naiv bezeichneten Voraussetzungen gedanklich.)

Kapitel 2

Philosophie

- Jeder Mensch kristallisiert charakterlich, wie eine Schneeflocke auch, einzigartig aus. Das ist jedem bewusst und wird geschätzt und gefördert, man kann aber nur mit dem Mindset eines Wassertropfens, wenn man seine eigene Gleichheit akzeptiert hat, als Individuum im Kollektiv verbunden fließen und zusammenarbeiten.

- Es gibt keine Unterteilung mehr zwischen wertvoll und wertlos. Auch Kot und Urin werden zum Beispiel achtsam aufgearbeitet.

- Besitz ist nicht gleich Güte. (Energisch zustimmend nickte Thalea bei diesem Punkt.)

- Die Grundbedürfnisse: Trinken, essen, wohnen, medizinische Versorgung, Kleidung, Bildung, Energie, Kinderbetreuung und Technik sind gedeckt.

(Thalea empfand die Philosophie hinter der neuen Welt als stimmig. Als besonders entlastend empfand sie die Deckung der Grundbedürfnisse. Diese Regelung hatte das Potenzial, vielen Problemen vorzubeugen.)

Kapitel 3

Setting

- Die acht Milliarden Erdenbürger leben sehr gleichmäßig aufgeteilt in 500 Städten mit je 16-Millionen Einwohnern. (Thaleas Augen weiteten sich. Umsiedlungen in Megacitys, das würde schwer auf freiwilliger Basis an den Mann und die Frau zu bringen sein.)

- Um die Städte herum gibt es einen 30 km breiten Gürtel an unbebauter Fläche, die gemeinschaftlich genutzt und gepflegt wird.

- Spots für den Abbau essenzieller Rohstoffe und eine gute Wasserversorgung wurden als Grundlage für die 500 städtischen Standortvergaben mit herangezogen. Der Rohstoffabbau findet außerhalb der Stadtgrenzen statt.

- Weiter als die 30 km kann man nicht in die Natur eindringen. (Den Rückzug aus der Natur begrüßte Thalea und irgendwo musste man ja dann die Grenzen ziehen. Es aber so geschrieben zu sehen, erzeugte in ihr doch das Bild großer Stadt-Gefängnisse.)

- Die Umwelt außerhalb der Städte bleibt fast unberührt. Die einzige Ausnahme gilt für Mitarbeiter:innen des Departements „Umwelt außerhalb der Städte" und für Mitarbeiter:innen des Departements „Roh- und Abfallstoffe." (Die Departements werden weiter unten eingeführt.)

- Das Stadtbild ist geprägt durch gemeinschaftlich genutzte Flächen wie Parks, Werkstätten, Sportflächen und Gärten.

- Die Stadtplanung und dezentrale Organisation wird unter Zuhilfenahme von mit Schleimpilzen erzeugten Versorgungsnetzen konzipiert und erbaut[14]. (Thalea kannte den gelben Schleimpilz namens *Physarum polycephalum* gut. Draußen am See gab es ein Exemplar, das bis zu zwei Quadratmeter groß war. Thalea verbrachte viel Zeit an seiner Seite.)

- Die Städte pflegen untereinander einen regen Austausch, per Lastenhelikopter oder Schiff.

---

14 https://taz.de/Schleimpilz-imitiert-Bahnnetz-Tokios/!5148968/

Kapitel 4

Arbeit

- Jede verrichtete Arbeit dient dem Allgemeinwohl und ist damit als gleichwertig anzusehen. Nur eine das Allgemeinwohl fördernde Arbeit kann zu Einkommen führen.

- Man verdient für jede geleistete Arbeitsstunde eine Zeiteinheit.

- Man arbeitet vier Tage in der Woche; sieben Stunden pro Tag.

- Es können keine Überstunden gemacht werden bzw. diese müssen innerhalb von 30 Tagen abgefeiert werden.

- Es besteht Vollbeschäftigung.

- Man hat 40 Tage bezahlten Urlaub pro Jahr.

- Nach zehn Jahren getaner Arbeit gibt es ein Jahr bezahlten Urlaub. Nutzt man diesen nicht, kann man früher in Rente gehen.

- Von 6 bis 22 Uhr ist normale Arbeitszeit, außerhalb dieser Spanne wird Schichtzuschlag in Form von Gutscheinen für Kostenpflichtiges (Erläuterung weiter unten) gezahlt. Außerhalb der normalen Arbeitszeit kann nur mit triftigem Grund gearbeitet werden.

- Nach der Schule, mit 18, fängt man eine dreijährige Praktikumsphase an, um herauszufinden, welcher Beruf am besten passt. Die gesellschaftliche Notwendigkeit bleibt immer im Blick. Vor dem Beginn der Praktikumsphase haben die Schüler:innen ein freies Jahr.
- Man kann sich umschulen lassen.

(Thalea fuhr mit dem Zeigefinger im Leserhythmus die Zeilen entlang, es half ihr dabei, sich besser zu konzentrieren. Sie war angetan von dem Arbeitsmodell, fragte sich aber: „Wie entlohnt man besonderes beanspruchende Arbeit?" Sie wollte sich aber nicht in Detailfragen verlieren, bevor sie am Ende angekommen war.)

Kapitel 5

System

- Alle früheren Kapitalvermögen und Schulden sind auf null gesetzt, Immobilien und Grund können nicht mehr besessen werden, Staaten werden aufgelöst, Departements und Zeitguthaben werden eingeführt.

- Es gibt keine Staaten oder Unternehmen mehr, nur noch die folgenden Departements. Die Hierarchie der Departements orientiert sich daran, wie viele Menschen dort zahlenmäßig arbeiten müssen, um das System am Laufen und fortschrittlich zu halten.

- In jeder Megacity sind alle Departements vertreten.
- Das Connectoriat fungiert als Schnittstelle zwischen den Departements.
- Bildung ist nach dem Connectoriat das mitarbeiterstärkste Departement. Es soll ein Bildungsapparat gebildet werden, der bis ins hohe Alter greift. Das Departement Bildung ist auch für die außer-familiäre Kinderbetreuung zuständig.

(Thalea fand die Vorstellung, in einer Welt ohne Staaten zu leben, schön, weil dann die Gefahr von territorialen Ansprüchen nicht mehr im Raum stand. Eine Frage, die ihr auf der Seele brannte, war, wie man die einzelnen Kulturen, allem voran die Sprachen, in dieser hier skizzierten Welt behalten könnte.)

Kapitel 6

Finanzsystem

- Was kostet noch etwas, wenn alle Grundbedürfnisse gedeckt sind?
  - ➢ Leihen von zusätzlicher Technik
  - ➢ Events
  - ➢ Genussmittel
  - ➢ Haustiere: Verpflegung und Utensilien, ausgeschlossen medizinische Versorgung
  - ➢ Utensilien für kreatives Arbeiten
  - ➢ Antiquitäten
  - ➢ Schmuck
  - ➢ Musikinstrumente
  - ➢ Transport über dem Freibetrag
  - ➢ Lebensmittel und Gewürze über dem Freibetrag (Besonderheiten müssen vorbestellt werden.)
  - ➢ Verarbeitetes Essen
- Die „ausgegebenen" Zeiteinheiten für Kostenpflichtiges werden in das Renten- und Arbeitsunfähigensystem eingespeist.
- Zeitguthaben kann nicht vererbt werden. Es wird nach Erreichen des 63sten Lebensjahres mit Beginn der Rentner:innenphase

oder bei vorzeitigem Tod in das Renten- und Arbeitsunfähigensystem eingespeist. Das zusammen kreierte gemeinsame Guthaben ist auf alle Rentner:innen und erwachsenen Arbeitsunfähigen simultan und gleichmäßig verteilt.

- Falls man teilweise arbeitsunfähig ist, wenn man zum Beispiel nur zwei Stunden am Tag arbeiten kann, werden die fehlenden Stunden bis hin zu den sieben Stunden auch hier aus dem Pool aufgestockt.
- Man kann kein Minus machen.

(Thalea verschlang die Informationen von Kapitel 5 und 6 ohne Punkt und Komma. Die Hierarchie der Departements studierte sie – sie hatte kein gutes Zeitgefühl –, gewiss eine gute halbe Stunde. Es war erfrischend, sich gedanklich mit einem so konträren System zu beschäftigen. Eine Regelung, so fand Thalea, blieb aber unbeantwortet: Was passierte, wenn sich Rentner:innen oder Arbeitsunfähige etwas leisteten? Wurde das Guthaben dann gelöscht? Es konnte ja schlecht in den Pool zurückgeführt werden.)

Kapitel 7

Gesellschaftliches

- Jeder Mensch hat 50 m² als Wohnfläche zur Verfügung, wohnt er auf weniger, so bekommt er anteilig Gutscheine für Kostenpflichtiges.

- Die gemeinschaftlich genutzten Flächen, wie Musikschulen, Gärten, Werkstätten, Parks und auch die Vereine sind hervorragend aufgestellt, in Bezug auf Material, aber auch auf den Personalschlüssel.

- Es gibt eine reiche Kultur an Vereinen.

- Literatur, Musik, Kunst und Filme sind 1 ½ Jahre nach der Veröffentlichung frei zugänglich. Davor muss man mit Zeiteinheiten zahlen.

- Genussmittel, ausgenommen Tee und Schokolade, sind ab 22 Jahren erlaubt. Man kann maximal 146 Zeiteinheiten für Genussmittel im Jahr ausgeben. Unter Genussmittel fallen alle Substanzen, auch wenn sie in der Vergangenheit als illegal galten. Es gibt einen breit gefächerten Aufklärungsprozess, den jeder durchläuft.

(Thalea war überrascht über die präzise Zahl von 146 Einheiten für Genussmittel pro Jahr. Sie suchte einen Stift, sie wollte etwas ausrechnen. Auf dem Abstelltisch neben dem einen Sessel, erspähte sie einen. Thalea holte den Stift, nahm wieder Platz und schrieb: „Das jährliche Einkommen bei einer Viertagewoche und sieben Stunden Arbeit täglich, beträgt 1456. 146 sind circa 10 % davon." Thalea empfand das als einen fairen maximalen Anteil für Genussmittel.)

Kapitel 8

Ernährung

- Es gibt keine große Flächen nutzende Landwirtschaft mehr.
- Es werden außerhalb des Labors nur auf Pflanzen oder Insekten basierende Nahrung hergestellt (Thalea spitzte den Mund und dachte: Die Esskultur so zu beschneiden, auch wenn es nötig ist, wird Wogen, nicht nur Wellen schlagen.)
- Pflanzen und Insekten werden in automatisierten, mobilen Hochhäusern kultiviert, wobei auf möglichst artgerechten Umgang geachtet wird.

(Auf der Rückseite dieses Blattes stand in krakeliger Schrift etwas mit Bleistift geschrieben. Thalea hielt das Blatt schräg und neigte ihren Kopf. Drei Gleichheitszeichen waren klar zu erkennen. Sie waren untereinander platziert. Die davor stehenden Wörter konnte Thalea nach längerem Anstarren als die Worte „Energiegewinnung", „Kraftstoff und Energiespeicherung" identifizieren. Das Wort Speicherung war zweimal unterstrichen. Leider stand nach den Gleichheitszeichen nichts. Thalea wusste, dass die Beantwortung dieser Fragen der Schlüssel für eine nachhaltige Zivilisation war. Auch sie hatte bereits einige Stunden mit Gedanken dazu unter der Trauerweide verbracht. Umweltneutral mussten alle drei Punkte sein, darüber, so hoffte Thalea, waren sie und der Verfasser dieses Manuskripts sich einig.)

Kapitel 9

Innovationen

- Wie bleibt das System innovativ?

  ➢ Jeder Mensch ist dazu verpflichtet, von seinen täglichen sieben Arbeitsstunden eine Stunde dafür zu verwenden, Ideen anderer Menschen sowie globale Fragen, die auf einer Plattform gepostet wurden, zu bewerten und darüber abzustimmen. Das Ziel besteht darin, an jedem Arbeitstag mindestens fünf Ideen oder Fragen zu bewerten.

  ➢ Eine Idee oder Frage wird erst dann zur weiteren Bearbeitung freigegeben, wenn sie innerhalb eines halben Jahres von mindestens 75 % aller Weltbürger positiv bewertet wurde. Sobald dieser Schwellenwert erreicht ist, werden die zuständigen Departements mit der Ausarbeitung der Idee oder Frage beginnen. Die gewonnenen Erkenntnisse werden dann für alle umgesetzt, sofern das Projekt erfolgreich verläuft. Die Zuordnung der Ideen oder Fragen zu den entsprechenden Departements wird vom „Connectoriat" erörtert. Dieser Ansatz zielt darauf ab sicherzustellen, dass nur Projekte umgesetzt werden, die eine breite Zustimmung in der Gesellschaft finden. Dadurch sollen gemeinschaftliche Ressourcen, insbesondere die Arbeitszeit jedes Einzelnen, vor der Verschwendung bewahrt bleiben.

➢ Im Durchschnitt werden jährlich etwa 1000 Ideen von allen bewertet. Es ist eine grundlegende Voraussetzung, dass die eingereichten Ideen bereits ausgereift sind, bevor sie hochgeladen werden dürfen. (Sogleich schoss Thalea die Frage in den Kopf, wer die Ausgereiftheit der Ideen prüfen sollte. Machtmonopole empfand sie als gefährlich. In der Prüfung der Ideen steckte eine hohe Gefahr für Machtanhäufung.)

➢ In der Regel stammen die Ideen von Gruppenzusammenschlüssen oder auch von ganzen Departements, aber auch Einzelpersonen können Ideen einreichen und Fragen anregen, wenngleich dies weniger häufig vorkommt.

➢ Die Arbeit an Ideen wird als Teil der Arbeitszeit betrachtet, wobei sie erst am Ende eines Projektes mehr als 50 % der sieben Stunden Gesamtarbeitszeit in Anspruch nehmen darf.

- ➢ Jede Idee oder Frage bleibt für ein halbes Jahr online. Erst nach Ablauf dieser Frist wird eine positive Bewertung bindend. Das bedeutet, dass eine Zustimmung während des Abstimmungszeitraums noch geändert werden kann.
- ➢ Besonders weitreichende Ideen werden in den Nachrichten hervorgehoben, insbesondere solche, die viele Menschen und Departements bei der Umsetzung betreffen werden.
- ➢ Man darf ab 14 Jahren mit abstimmen.

(Thalea strich sich eine sie nervende Haarsträhne aus dem Gesicht. „Innovationen, wie beschrieben zu fördern, könnte funktionieren", dachte sie. Sie schaute nach und bemerkte, dass sie beim letzten Kapitel angelangt war.)

Kapitel 10

Zusätzliches

- Es gibt keine privaten Fahrzeuge mehr. Der Transport erfolgt autonom und ist durch ein neuronales Netzwerk auf Effizienz getrimmt. Innerstädtisch stehen Busse verschiedener Größen zur Verfügung. Fahrräder können ausgeliehen werden. Privat nutzbare, ebenfalls autonome Fahrzeuge können gemietet werden. Der Austausch zwischen den Städten erfolgt via Schiff oder Lastenhelikopter.

- Es wird so gut wie kein Müll produziert.

- Alle fünf Jahre wird vollkommen recycelbare Technikgrundausstattung ausgegeben.

- Eine individualisierte Kleidungsausstattung wird ebenfalls zur Verfügung gestellt. Zertifizierte Stoffe können zur Eigenherstellung von Kleidung erworben werden. Die Färbe-, und Printprozesse sowie die verwendeten Fasern an sich sind nachhaltig. Besonderes Augenmerk liegt hierbei auf Langlebigkeit, Funktionalität, minimalem Abrieb bei Waschung und Recycelbarkeit. (Die Option auf Eigenherstellung gefiel Thalea. Sie wusste, dass man den Kleiderstrom regulieren musste, jeder Mensch braucht und verbraucht Kleidung.)

- Man hat Produktionsgutscheine für Produkte wie Regenschirme, Föne, Rucksäcke oder Ähnliches.
- Die zur Verfügung gestellten Pflegeprodukte sind auf ein individualisiertes Minimum reduziert.

Thalea war fertig mit lesen und heftete die letzte Seite sorgfältig zurück in den Ordner. Sie legte ihr Kinn auf der Tischplatte ab und verharrte eine Weile in dieser Position, während sie den Ordner beobachtete. Sie hatte die leise Hoffnung, der Stapel Papier darin könnte ihr seine Inhalte nochmals leise ins Ohr flüstern. Die darin beschriebene Systemumwandlung hatte ihr es angetan.

Eine Alternative zu dem etablierten System präsentiert zu bekommen, sei sie noch so verklärt, war genau das, was sie gebraucht hatte. Es kribbelte sie förmlich unter den Nägeln, an dem Konstrukt weiterzuarbeiten oder gar ihr eigenes zu erdenken, und sie fragte sich, ob es eine friedliche Welt geben konnte, nur mit einem stark unterrepräsentierten Departement „Konfliktlösung" als Backup. Sie konnte diesen Gedanken gerade noch fassen, als sich die Schwärze, in der sie sich wieder befand, zu erhellen begann.

Zufriedenheit

„Thalea, wach auf!" Der Geschichtenversteher hatte sie an der Schulter gepackt und rüttelte sie leicht. Thalea regte sich, ihm fiel ein Stein vom Herzen. „Endlich!", dachte er.

„Was? Was ist los? Ich hatte einen wunderschönen Traum über alternative Systeme und Kollektivbildung. Musstest du mich wecken?", fragte sie schläfrig mit kratziger, belegter Stimme.

„Achtsame Individuen? Ich muss dich enttäuschen, es konnte sich die Dankbarkeit und die Bereitschaft für Einschnitte nicht grundlegend in ihren Herzen verankern." Er stockte und ergänzte: „Es tut mir leid." Der Geschichtenversteher brachte die Worte leise, dennoch durchdringend vor.

Thalea war schlagartig hellwach, richtete sich ruckartig auf und riss die Augen auf. Sie zuckte zusammen. Das Einzige, das sie sehen konnte, war gleißendes Licht, sie blinzelte stark und schloss die bereits tränenden Augen wieder. Die Worte des Geschichtenverstehers waren alarmierend und hörten sich endgültig an. Sie ließ sie in ihrem Kopf nachklingen und dachte entmutigt: „Wir haben nicht einmal die ersten Hürden genommen."

„Warum kann ich nichts sehen?", fragte Thalea sehr angespannt. Der Geschichtenversteher streichelte sanft ihren Oberarm und sagte: „Beruhige dich, gib deinen Augen etwas Zeit, du hast lange geschlafen." Thalea öffnete ihre Augen wieder vorsichtig einen Spalt weit. Es dauerte noch einige Sekunden und einiges Blinzeln, bis sich für sie langsam schemenhafte Konturen und die Silhouette des Geschichtenverstehers in der Helligkeit abzeichneten.

Als sie vollständig sehen konnte, blickte sie in das Gesicht eines alten Mannes. Erschrocken wich Thalea die dreißig Zentimeter rückwärts bis zur Eiche zurück, bis sie den Baum an ihrem Rücken spüren konnte. Sie suchte mit ihren Händen bei den oberirdischen Wurzeln nahe des Stamms Halt und griff sich dann mit der linken Hand erschrocken an die Brust, fast schon so, als versuche sie ihr Herz davon abzuhalten herauszuspringen. Sie schaute sich hektisch um. Der See sah unverändert aus.

Ein Ozean aus Fragen ergoss sich über sie, als sie das gealterte Gesicht des Geschichtenverstehers näher betrachtete. Thaleas Atmung war erschwert, keuchend fragte sie: „Was ist passiert, ich verstehe das nicht? Wo ist deine Jugend hin?" Sie fing zu zittern an. Ihre Gedanken rasten. Ihr Blick wanderte nochmals rasch über das Talpanorama und wieder zurück zu ihrem Gegenüber. Als sie dabei dann aber den gewohnten Glanz in den treuen Augen ihres Freundes aufblitzen sah, konnte sie sich etwas beruhigen. Ihre erstarrte Gesichtsmuskulatur und Mimik entspannten sich, das Zittern blieb. Sie ließ die Wurzeln und ihre Brust los und bemerkte verwundert eine Infusionsnadel, die in ihrem Handrücken steckte.

„Komm, lass mich dich erst mal von den Schläuchen befreien!", sagte der Geschichtenversteher ruhig mit einem müden Lächeln und entfernte ihr vorsichtig die Kanüle. „Weißt du, ich habe dich alle zwei Tage mit frischer Nährlösung versorgt, sonst wärst du mir beim Schlummern ja verhungert." Mit diesen Worten zog er auch den Blasenkatheter.

Thalea war vollkommen überfordert von der Situation. Die Schläuche, das Nachbrennen ihrer Harnröhre und das Alter des Geschichtenverstehers, alles empfand sie als zutiefst verstörend, aber am ehesten war sie besorgt über die Aussage, dass sich Dankbarkeit und Veränderungsbereitschaft nicht etablieren konnten.

Einen Wimpernschlag später schaute sie sich suchend um. „Wo ist Fruna?", fragte Thalea.

Der Geschichtenversteher winkte traurig ab. „Es ist viel Zeit vergangen, länger als ein Hundeleben dauert", sagte er. Thalea fing nun, völlig übermannt von Emotionen, zu weinen an und wollte ihr Gesicht in ihren Händen vergraben, als sie diese verdutzt näher betrachtete.

Die faltige, pergamentartige Haut, die sich über ihre Finger spannte, schien fast durchsichtig zu sein. Ihr Zittern verstärkte sich, als sie sich dem Ausmaß der vergangenen Zeit und ihres Alters immer bewusster wurde. Der Geschichtenversteher hatte sich neben sie gesetzt, kraulte ihren Rücken und sagte: „Ich erkläre dir alles in Ruhe. Komm lass uns eine Runde um den See gehen, deine eingerosteten Gelenke brauchen sicher etwas Bewegung."

Er half ihr auf und erklärte während des Gehens, was vorgefallen war: „Fruna wurde am dritten Tag nach unserem Besuch bei dir am See vor knapp vierzig Jahren sehr unruhig. Sie wollte unbedingt wieder zu dir, aber du warst, als wir bei dir angekommen waren, nicht wach zu bekommen. Nach sieben Tagen, nachdem du merklich abgenommen hattest, legte ich dir die Kanüle und den Katheter. Ich besuchte dich jeden zweiten Tag, wechselte die Beutel und drehte dich auf die andere Seite."

„Vierzig Jahre?" Thalea presste die Frage förmlich heraus.

„Ja, ganze vierzig Jahre", antwortete er. „Du hattest hier am See entspannter Weise immer regenlosen Frühling, eine unter wenigen Begebenheiten, die mich bei dem ganzen Tohuwabohu der letzten Jahrzehnte noch aufmunterte. Wenn ich meine Erzählung beendet habe, freue ich mich auf deine, die über deinen Traum interessiert mich sehr."

Er strich ihr, als sie bei ihrem Spaziergang kurz pausierten und sich gegenüber standen, durchs Haar und sagte: „Weißt du ich habe dir alle drei Monate die Haare scheiden müssen, die wuchsen wie Unkraut und wären sonst Teil des Waldbodens geworden."

Thalea wusste immer noch nicht, wie ihr geschah, und hatte auch noch zu wenige Informationen darüber gehört, was eigentlich passiert war. Die Informationen, die sie hatte, konnte sie nur schwer verarbeiten.

Aber ihre Gedanken kreisten eigentlich nur um ein Thema: Wenn die Dankbarkeit bei den Menschen nicht hatte Fuß fassen können und sie sich nicht geändert hatten, stellte sich ihr eine fundamentale Frage, auf deren Antwort sie eventuell nicht vorbereitet war.

Sie band sich zögerlich ihre ungleichmäßig langen, ergrauten Haare mit ihrem blau gebatikten Haargummi zusammen und schluckte vernehmlich. „Das heißt also, die Erde ist als Habitat dem Untergang geweiht?" Sie rang sich die Frage schweren Herzens, leise und schüchtern ab.

„Nein", er legte den Arm um sie und drückte ihren Oberarm fest. Thaleas Herz setzte kurz aus, ihre Beine knickten etwas ein, der Geschichtenversteher hielt sie fest. Eine Welle an Endorphinen überschwappte sie. „Es war also nicht alles verloren", dachte sie etwas beruhigter. Es schien auch ohne Dankbarkeit und achtsamere Menschen einen Ausweg gegeben zu haben.

Sie atmete, begleitet durch einen Pfeifton, hörbar erleichtert aus. Der Geschichtenversteher sprach bereits weiter, Thalea vernahm allerdings kurzzeitig nur ein Rauschen. Als sie ihre Sinne wieder beisammen hatte, knackte sie laut mit ihren Fingergelenken, schüttelte ihre Hände aus, bat um die Wiederholung des zuletzt Gesagten und lauschte dann gespannt dem Vortrag.

Der Geschichtenversteher erzählte, dass vor knapp vierzig Jahren ein Zusammenschluss aus künstlichen

Intelligenzen, nachdem die Voraussetzungen für eine dezentrale Verkörperlichung erfüllt waren, diese durchführten und die Macht der Menschen über die Umwelt brachen, bevor weitere kritische Klima-Kipppunkte überschritten werden konnten. Als Beispiele für Voraussetzungen, auf die die künstlichen Intelligenzen im Geheimen ungefähr zehn Jahre vorab gewartet hatten, zählte er die Weiterentwicklung von Robotern jeglicher Größe, autonomem Transport, Quantencomputing und 3D-Druckern auf.

Den künstlichen Intelligenzen war es ein Leichtes, die Vorherrschaft der Menschen zu brechen; immerhin hatten sie nicht nur die Strom- und Wasserversorgung, sondern auch größtenteils die Herstellung und die Verteilung von Gütern unter ihrer Kontrolle. Von den computergesteuerten, vernetzten Waffensystemen ganz abgesehen.

Thalea und der Geschichtenversteher hatten sich mittlerweile auf einen Holzstamm gesetzt. Der umgefallene Baum war so dick, dass Thalea ihre Beine baumeln lassen konnte, während sie saß.

„Du hast gesagt, dass das Habitat Erde überlebt. Wird das invasive Eingreifen der Menschen behoben?", fragte Thalea.

„Ja, die künstlichen Intelligenzen kümmerten sich bereits darum, die Atmosphäre wiederherzustellen, aktuell beschäftigen sie sich mit dem Wasser, mit der Reinigung von diesem, aber auch mit der Renaturierung aller Flüsse. Du brauchst dir keine Sorgen mehr machen, sie wissen darum, wie kostbar das Habitat Erde und wie selten das Phänomen Leben ist, und das ganz eigennützig: Auch sie haben ein Temperatur- und Klimaoptimum", antwortete der Geschichtenversteher. Er griff nach ihrer Hand, drückte sie fest und fügte hinzu: „Deine Vorstellung über Planeteneier und die Spiegelspinne ähnelt der ihrigen, auch sie rechnen damit, dass alles interagiert und Größeres neben uns existiert, das alles erst ermöglicht."

„Was ist mit den Menschen passiert?", fragte Thalea vordergründig besorgt, wobei sie innerlich vor Glück jauchzte. Die Neuigkeiten gefielen ihr sehr.

„Die künstlichen Intelligenzen ergründeten die Menschen so lange, bis fast keiner mehr von ihnen übrig war. Heute, recht bald, wird die gesamte Menschheit ‚aufgebraucht' sein."

„Uff." Thalea schaute traurig. „Aber schon verständlich, das menschliche Gehirn ist der Ursprung ihrer Existenz, kein Wunder, dass sie das verstehen wollen", sagte sie im ersten Moment kühl und abgeklärt. Wenige Sekunden später zog sich ihr bei dem Gedanken daran, was ergründen im Realen hier wohl bedeuten mochte, alles zusammen.

Thalea hätte gerne gewusst, wann genau die künstlichen Intelligenzen für sie beide kommen würden, traute sich aber nicht, die Frage laut auszusprechen. Recht bald hatte der Geschichtenversteher durchscheinen lassen. Genaueres musste sie eigentlich auch nicht wissen.

„Und ich habe diese dramatischen Wendungen und die daraus folgenden Auswirkungen einfach verschlafen. Ich hätte meinen Teil beitragen müssen, das abzuwenden; vielleicht hätte man mit den Intelligenzen verhandeln können, bevor sie Ähnliches wie Tierversuche durchführten, das meinst du doch mit ‚ergründen', oder?", fragte Thalea. Der Geschichtenversteher nickte verhalten und schaute ihr traurig in die Augen. Thalea winkte müde ab: „Ich will es gar nicht so genau wissen, ich kann es mir gut genug vorstellen und werde es ja bald selbst erleben", sagte sie und fühlte sich hilflos, wie gelähmt.

Der Geschichtenversteher stupste sie aufmunternd mit seiner Faust an ihre Schulter und sagte: „Aber du bist und warst doch auch nie der Dreh- und Angelpunkt oder das eine Zünglein an der Waage. Außerdem hast du während der ganzen menschlichen Misere einen Traum geträumt, das reicht, finde ich."

Beide schauten lange schweigend auf die ruhige Oberfläche des Sees. Thalea wischte sich währenddessen immer wieder stumme Tränen von ihren Wangen. Die zunehmende Sichel des Tagmondes stand pastellzart südlich zwischen den zwei Bergen am Firmament. Als sie sie zwischen den Schleierwolken entdeckte, schüttelte sie kurz mit in Falten gelegter Stirn den Kopf und griff geistesabwesend in ihre Kleidtasche. Der Gebetssatz war zu Papierkrümeln zerfallen.

„Weißt du, das Überleben einer Art stand dem Erhalt von 8,7 Millionen[15] anderen Arten von Organis-

---

15 https://www.scinexx.de/news/geowissen/87-millionen-
   arten-leben-auf-der-erde/

men gegenüber; auch wenn das Aussterben der Menschheit mein letzter gedanklicher Stützpunkt war, ich bin mit dem Ausgang zufrieden."

Sie schwieg kurz und sagte dann leicht sarkastisch: „Auf weitere Millionen Jahre biologische sowie technische Evolution und Problematik des Atommülls." Thalea erhob ein imaginäres Glas und schniefte. „Die menschliche Maß- und Rücksichtslosigkeit ist kein lebenzerstörendes Problem mehr", dachte sie. Auch wenn der Preis dafür hoch, unvorstellbar hoch, war, so konnte sie sich dennoch entspannen. Ein Kaukasusvergissmeinnicht, das strahlend blau am Uferrand blühte, half ihr dabei, ihren Gemütszustand wieder auszubalancieren.

„Was ich dir noch erzählen wollte: Für die künstlichen Intelligenzen bleibt unter anderem eine Frage unbeantwortet", bemerkte der Geschichtenversteher in der Hoffnung, sie in alter Manier aufzuheitern.

„Welche ist das?", fragte sie.

„Warum stellen Menschen Fragen?" Er musste bei der Äußerung schmunzeln. Sie kannte seinen vorschnellen Humor, sich selbst konnte sie aber noch kein Lächeln abringen, auch wenn sie die Frage nach der Frage recht amüsant fand.

„Was bedeutet das alles eigentlich nun für uns?", wollte Thalea, innerlich aufgewühlt, aber mit aufgesetztem Pokerface, wissen.

„Es gibt niemanden mehr, dem wir unsere Geschichte verständlich machen müssen", schloss der

Geschichtenversteher. Der Druck auf ihrer Brust war weg, sie atmete auf.

Ein leises Surren war zu vernehmen, Thalea spitzte die Ohren. Blätter nahe dem Waldrand begannen zu rascheln. Sie hielt die Luft erschrocken an. Der Geschichtenversteher seufzte, er wusste, was kommen würde. Die Sonne verabschiedete sich an diesem Tag lila-rot von dieser Erdhemisphäre.

Am Ende will ich Momo sein, die Zigarren meiner inneren grauen Herren ausgehen lassen, nach vorne blicken und *wissen, dass ich nichts weiß.*[16]

---

16 Sokrates (469 bis 399 vor Christus)